I0786651